Bitte zu Tisch

Liebe Leserin, lieber Leser,

Reinhard Mey hat 2024 seine wahrscheinlich letzte CD mit Lebensliedern herausgegeben. Ein Lied trägt den italienischen Titel „Questo tavolo non si vende!"– Diesen Tisch kann man nicht kaufen: Das sagte ihm der alte Weinbauer in der Nähe von Florenz, als er sich in den Tisch im Weinkeller verliebte. Nach durchzechter Nacht und vielen Diskussionen bekam er ihn geschenkt und holt hinter vielen Schichten von Staub und Zeit einen wunderschönen Nussbaumtisch hervor.

Alles Wichtige geschah an diesem Tisch. Reinhard Mey sieht in der Erinnerung seine Frau, die ihr Kind stillt. Sieht sich sitzen nach der Beerdigung des Vaters. Sieht sich feiern, streiten, sieht vor allem seine Familie, seine Freunde vereint am Tisch. Er sieht sein ganzes Leben vorbeiziehen. Ein Tisch als Lebensbild. Das kann man nicht kaufen!

Unser kleines Buch trägt den Titel: Bitte zu Tisch! Egal wohin ich auf meinen Reisen durch die Provinz komme, ob Nigeria oder Bayern, ob Spanien oder Malawi, am Tisch findet man zueinander. Entdeckt in der Vielfalt von Gerichten und Gewürzen, Geschmäckern und Tischkulturen das Fremde und das Vertraute. Sieht Menschen sich freuen und miteinander essen, bekommt Rezepte und Traditionen erklärt und ist mit einem Mal Teil des Ganzen. Bitte zu Tisch – ist immer die Bitte in die Gemeinschaft. Das kann man nicht kaufen!

Ich bitte Dich zu Tisch – ist die Einladung Jesu, der uns an den Tisch lädt und sich selbst herschenkt. Ein Tisch als Lebensbild. Das kann man nicht kaufen.

Liebe Leserin, lieber Leser, ich wünsche Ihnen im Lesen dieses Buches die Freude an der Begegnung. Bitte setzen Sie sich an den Tisch in Deutschland, Indien oder einem afrikanischen Land. Lassen Sie sich einladen und entdecken im Reichtum und in der Vielfalt das verbindend Menschliche. Das kann man nicht kaufen, das ist reines Geschenk!

Ihr

P. Markus Hau SAC
Provinzial

Lieber guter Schmetterling
Flieg nun schnell zum Himmel hin
Sag dem lieben Gott dort oben,
dass wir ihn fürs Essen loben.

Amen

Unser Mahl

du formst
mein denken
und sprechen

das ausweglose
durcheinander
wird transparent

jeder weg
birgt in sich
verklärendes

das gespräch –
ein kreisen das
in die mitte mündet

unser mahl
in flüchtiger zeit
eine rettungsinsel

Michael Lehmler

7

Der Heilige Geist überwindet Grenzen

In einer Gemeinschaft, die Angehörige unterschiedlicher Nationen und Herkunft umfasst, zu leben, zu handeln und zu wirken, das verbindet Theologie, Spiritualität und Psychologie in besonderer Weise. Wie zum Beispiel an der Vinzenz Pallotti University.

Schon im Ersten Bund ist es die Vision des Propheten, dass „alle Völker" zum „Berg des Herrn" hinaufsteigen und sich um Gott versammeln. Das Pfingstereignis zeigt uns, dass uns die Botschaft Jesu universal verbindet und uns jenseits von Sprache und Herkunft eint. Jesus selbst legt Wert darauf, dass „alle eins seien", ja, man könnte sagen, das ist sein Traum und seine Sehnsucht. Das Reich der Himmel wird sichtbar, wo Menschen miteinander und füreinander leben und handeln.

Eine Spiritualität, die sich entwickelt, wird immer weiter („Du führst mich hinaus ins Weite", vgl. Ps 18,20). Sie überwindet Grenzen und öffnet das Herz mehr und mehr für „das Ganze". Sie sieht Gottes Wirken überall am Werk und bestaunt die Vielfalt der Schöpfung. Der spirituelle Mensch ist nicht geprägt von Angst und Abgrenzung, sondern weiß, dass der Heilige Geist Grenzen überwindet und zur Einheit führt.

Offen sein für die Schwester und den Bruder

Die therapeutische Psychologie befasst sich ebenfalls mit dem „Fremden", zunächst dem Fremden in uns, das uns Angst macht. Wir fühlen uns heimisch im Vertrauten, manche würden am liebsten alles Neue und Andere aus ihrem Leben verbannen und zufrieden sein mit einer einfachen, sich wiederholenden Lebensroutine.

Die Angst vor dem Fremden in uns, wird auf die Angst vor dem „fremden Menschen da draußen" projiziert. Sich dem zu stellen und Frieden in der eigenen Seele zu fördern, macht uns offen für die Schwester und den Bruder, die „anders" sind.

„Interkulturalität" beginnt eigentlich schon dort, wo zwei Menschen miteinander zu tun haben: Niemand ist wie ein anderer oder eine andere, niemand hat die gleiche „Kultur", wir haben unterschiedliche Biographien, Bilder von Leben und Glück. Wir reagieren auf unterschiedliche Verletzungen und haben individuelle Wünsche und Sehnsüchte. Es betrifft die Mitglieder einer Familie, und es betrifft Freundschaft und Nachbarschaft: Wir versuchen, mehr oder weniger, einen Lebenskonsens zu finden – Gemeinsamkeit zu suchen, die uns das Miteinander ermöglicht.

Schwieriger ist es schon in der politischen Landschaft (mit eben unterschiedlichen politischen

„Kulturen"), und ebenso schwierig scheint es innerhalb der katholischen, christlichen und religiösen Gemeinschaft zu sein. Zerspalten in Lager, will man beweisen, dass man der ist, der richtig liegt und die Schuld beim jeweils anderen zu suchen ist.

Wir sehen es als unseren pallottinischen Auftrag an, an unserer Hochschule Vinzenz Pallotti University einen besonderen Fokus auf Interkulturalität zu legen, sowohl in der Lehre und akademischen Ausrichtung als auch im gelebten Alltag. Mitbrüder aus Afrika (Malawi, Nigeria, Südafrika), Indien, dem fernen Osten und Europa leben und erproben das gemeinsame Zusammenleben. So soll die Theorie mit dem konkreten Alltag verbunden werden.

P. Helmut Scharler

„Ein Individuum hat erst
dann zu leben begonnen,
wenn es sich über die engen
Grenzen seiner individualis-
tischen Anliegen zu den
umfassenderen Anliegen
der gesamten Menschheit
erheben kann."

Martin Luther King Jr.

Mit Jesus gemeinsam an einem Tisch

In biblischen Zeiten hatte die Esskultur eine besondere Bedeutung. Bei einem Gastmahl ging es um sehr viel mehr als um die Nahrungsaufnahme. Jesus brach mit gewohnten Ordnungen. Er teilte das Brot auch mit denen, die sonst am Tisch nicht willkommen waren.

Seine Gegner nannten ihn einen Fresser und Säufer (Mt 11,19), einen, der oft und gerne an Gastmählern teilnahm und dabei keinen Unterschied machte, wer seine Tischgesellschaft war. Das allein machte den Rabbi Jesus schon verdächtig. Denn bei Gastmählern zeigte man, zu welcher sozialen Schicht man gehörte und mit wem man bekannt sein wollte. Eine Mahlgemeinschaft war mehr als nur gemeinsames Essen und Trinken, es war ein Ausdruck der Zusammengehörigkeit, ein Forum für wichtige Gespräche, ein Teilen der Freude bei Festen und eine Zeit für Unterhaltung und Entspannung.

Die Juden blieben unter sich. Es war ihnen nicht erlaubt und auch nicht erwünscht, mit Nichtjuden zu Tische zu liegen. Menschen, die öffentlich zu Sündern erklärt wurden, die als unrein galten, oder die mit den Römern zusammenarbeiteten, obwohl sie Juden waren, erhielten ebenso wenig eine Einladung zu einem Gastmahl. Von Jesus erzählen die Evangelien, dass er sich gern zu einem Gastmahl einladen ließ und auch in einigen Gleichnissen ist für ihn das Festmahl ein Bild vom Reich Gottes. Im Lukasevangelium (Lk 10,38ff) wird uns erzählt, dass Martha Jesus zu sich ins Haus eingeladen hat. Sie ist die Hausherrin, hat also eine bedeutende Rolle und kann es sich auch leisten, Gäste zu empfangen, denn Jesus kommt ja nie alleine. Während sie das Gastmahl vorbereitet, sitzt Maria zu Füßen von Jesus und hört den Tischgesprächen zu.

Segnen, brechen und austeilen

Hauptnahrung und Sättigungsgrundlage war das Brot. In jüdischen Häusern sprach man zu Beginn der Mahlzeit einen Segen über das Brot, zerbrach es in verschiedene Teile und gab es an alle Anwesenden weiter. Brotbrechen und Austeilen war ein Zeichen der Zusammengehörigkeit.

Das Brot wurde auch dazu verwendet, um die anderen Gerichte damit zu sich zu nehmen. Die Speisen wurden mit den Händen gegessen oder man verwendete das Brot als „Besteck". Je nach sozialer oder wirtschaftlicher Position des Hausherrn gab es zum Brot Gemüse, Soßen und Dips oder Fleisch und Fisch.

Gemischter Wein war das Tischgetränk, dabei war das Mischverhältnis von Wasser und Wein auch wieder abhängig von Armut oder Reichtum des Einladenden. Am Ende des Gastmahls reichte man einen Becher mit Wein in der Runde der Gäste herum, um noch einmal die Gemeinschaft auszudrücken. Nach der Beendigung des Mahls kam die Unterhaltung, man führte anregende Gespräche über ein bestimmtes Thema oder diskutierte über theologische und philosophische Meinungen und genoss manchmal auch musikalische und tänzerische Darbietungen.

Bei Jesus sind alle willkommen

Zur Zeit Jesu waren solche Gastmähler eine wohlbekannte und oft praktizierte übliche Sitte. Jesus provozierte seine Gegner, indem er immer wieder die gepflegten Ordnungen durchbrach. So ließ er sich von Zöllnern einladen und setzte sich zu Menschen an den Tisch, die als unrein und ausgestoßen galten (Lk 5,27ff). Er teilt das Brot mit ihnen und zeigt damit auch, mit wem er Gemeinschaft haben will. Er fordert die gutsituierten Gastgeber auf, nicht nur Freunde und Verwandte einzuladen, von denen auch sie wieder eine Einladung bekamen, sondern Menschen einzuladen, die selbst nichts haben, die ausgeschlossen sind oder am Rande der Gesellschaft stehen. So erweist man ihnen Achtung und Respekt. Sie werden keine Möglichkeit haben, die Einladung zu erwidern. Doch beim Gastmahl im Reich Gottes wird für solch einen Gastgeber immer ein Platz reserviert sein (Lk 14,12ff).

Das letzte Gastmahl, das Jesus mit seinen Jüngern vor seinem Tod feierte, wird zum Erkennungszeichen der ersten Christen. Die Mahlgemeinschaft zeigt ihre Verbundenheit untereinander und die Verbindung zum auferstandenen Herrn. Wer an ihn glaubt, gehört zu der Gemeinschaft der Christen und nimmt am gemeinsamen Mahl teil. Es gibt keine sozialen Unterschiede, alle sind gleichwertige Brüder und Schwestern. Und es gibt keine Ausgrenzungen, Juden- und Heidenchristen, Sklaven und Frauen, Arme und Reiche, alle sitzen gemeinsam an einem Tisch (Gal 2,11).

Gertrud Brem

Der Tisch stiftet Gemeinschaft

Ein Esstisch kann sehr viel mehr sein als ein Möbelstück. Für Herma Brandenburger ist er zu einem zentralen Punkt in ihrem Haus geworden: Um ihn herum wird gegessen, gefeiert, getrauert, diskutiert und gebetet.

Was könnte schöner sein, als mit lieben Menschen an einem gedeckten Tisch zu sitzen und gemeinsam lecker zu speisen? Weil nicht nur zählt, was wir uns einverleiben, sondern auch in welcher Atmosphäre, und mit wem. In unseren Breiten gehört dazu ein Möbelstück mit vier Beinen und einer Platte obendrauf, worauf man Speisen und Getränke abstellen und von denen sich jeder von seinem Sitzplatz aus bedienen kann.

Tische gibt es in allen Variationen, kleine, die überall reinpassen, repräsentative, die zeigen, was man sich leisten kann. Manche Tische überleben mehrere Generationen, wohingegen solche aus minderwertigem Material bereits nach kurzer Zeit beim Sperrmüll landen. Wohl die meisten dürften aus Holz gefertigt sein. Entscheidend ist letzten Endes, ob das, was auf den Tisch kommt, mit Liebe zubereitet wurde. Natürlich möchte man sich nicht mit jedem an einen Tisch setzen, denn Tischgemeinschaft bedeutet mehr, als für kurze Zeit nebeneinander zu sitzen, um seinen Hunger zu stillen; nicht ganz unbedeutend ist auch eine gewisse Gesinnungsgemeinschaft.

Am Anfang tut es eine Hartfaserplatte

Zu unserem gemeinsamen Neubeginn fehlte uns seinerzeit nicht nur der Platz für einen Tisch; wir besaßen auch noch gar keinen. Mit dem Glück über zwei Dachkämmerchen ergab sich auch die Notwendigkeit, sich zum Essen an ein entsprechendes Möbel setzen zu können. Unserem ersten Nestbau tat es keinerlei Abbruch, dass wir uns zunächst mit zwei Apfelsinenkisten behalfen, auf die eine Hartfaserplatte genagelt wurde. Auch ein Notbehelf kann liebevoll dekoriert und einladend gestaltet werden, dass es Freude macht, daran Platz zu nehmen. Das war allemal besser, als auf dem Sofa vorm Fernseher sitzend, mit dem Teller auf dem Schoß, das Abendessen einzunehmen.

Uns langsam steigernd, was unsere materiellen Bedürfnisse anging, fanden wir nach einigen Jahren in verschiedenen Wohnungen an verschiedenen Orten ein über hundertjähriges Bauernhaus auf dem Land, das wir mit erheblichem Einsatz renovierten.

Mittlerweile zu viert, wuchs auch unser Bedürfnis nach einem größeren Esstisch, der auf weiteren Zuwachs ausgelegt sein sollte. Mit einer Skizze unseres Traumtisches auf Papier suchten wir den Dorftischler auf, der glücklicherweise ausreichend abgelagertes Eichenholz vorrätig hatte. Als er uns nach einigen Wochen einen zwei Meter langen Tisch brachte mit barockartig massiven Beinen, einer urig dicken Platte darauf und einen untenherum verlaufenden Steg, um die Füße darauf abstellen zu können, empfanden wir unser Zuhause erst wirklich komplett.

Das Herzstück des Zuhauses

Und weil alte Bauernhäuser meist viele kleinere Räume haben, bestimmten wir einen solchen als

das Zimmer, in dem wir ausschließlich zum Essen zusammenkommen wollten. So ein Tisch kann Menschen zusammenführen, und der unsrige erwies sich alsbald als das Herzstück unseres Zuhauses. Groß ist die Freude, wenn sich alle einfinden, und es ihnen schmeckt. Ich liebe es besonders, nach einem guten Mahl noch lange am Tisch zu sitzen, mit allen zu plaudern und dabei einen frisch gebrühten Kaffee zu genießen.

Mittlerweile waren harte Zeiten für uns aufgezogen, und manch einen sahen wir für immer aus dem Haus gehen und nie mehr mit uns zusammensitzen. Mit Angehörigen saßen wir trauernd über den Unfalltod eines jungen Freundes bis tief in die Nacht um den Tisch, der nun schon einige Kerben durch intensiv gelebtes Leben davongetragen hatte. An dem Tisch fanden Hände Trost, die sich Halt suchend an ihn klammerten, aber auch am täglichen Gebet vor dem Essen:

Segne, Vater, unser Essen,
lass uns Hass und Neid vergessen,
schenke uns ein fröhlich Herz.
Leite du so Herz wie Hände,
führe du zum guten Ende
unsre Freude, unsern Schmerz.

Herma Brandenburger

Yamswurzel und Egusi-Suppe aus Nigeria

Pounded Yam und Egusi Suppe ist ein Grundnahrungsmittel in der nigerianischen Küche, insbesondere bei den Stämmen der Yoruba und Igbo. Dieses Gericht wird häufig bei besonderen Anlässen, Festen und Familientreffen genossen, da es Einheit, Liebe und Feiern symbolisiert. Das Gericht wird mit einer Suppenbeilage kombiniert. Eine gängige Kombination ist die aus zerstoßener Yamswurzel und Egusi Suppe.

Die perfekte Pounded Yam

Pouned Yam ist eine weiche, fluffige und teigartige Beilage, die den Geschmack der Egusi Suppe ergänzt. Für die Zubereitung von Pounded Yam kann jede Süßkartoffel verwendet werden. Die von den Einheimischen am meisten bevorzugte Süßkartoffel ist jedoch die Puna Yam oder die afrikanische Süßkartoffel. Diese Süßkartoffel ist

in der Regel weiß und verleiht dem Gericht seine strahlend weiße Farbe, wenn sie zerstampft wird.

Es gibt zwei Möglichkeiten, dies zu erreichen. Manche Menschen bevorzugen die traditionelle Methode mit Mörser und Stößel. Andere bevorzugen die Verwendung einer Küchenmaschine (auch Süßkartoffelstampfer genannt). Einige sind der Meinung, dass die in einem Mörser zerstoßene Süßkartoffel besser ist als die in einer Küchenmaschine hergestellte. Um dieses köstliche Süßkartoffelgericht zuzubereiten, befolgen Sie diese Schritte:

1. Wählen Sie zunächst frische Süßkartoffelknollen auf dem örtlichen Markt aus. Achten Sie darauf, dass die Knollen fest sind, keine Druckstellen haben und eine glatte Textur aufweisen.

2. Schälen Sie die Haut der Süßkartoffel mit einem scharfen Messer ab und schneiden Sie die Süßkartoffel in mittelgroße Scheiben.

3. Spülen Sie die Süßkartoffelscheiben gründlich ab, um Schmutz und Verunreinigungen zu entfernen.

4. Die Süßkartoffelscheiben in einen großen, mit Wasser gefüllten Topf legen und kochen, bis sie weich und zart sind.

5. Sobald die Süßkartoffel gekocht ist, die Scheiben in einen Mörser oder eine stabile Schüssel geben.

6. Stoßen Sie die Süßkartoffel mit einem Stößel oder einem großen Holzlöffel kräftig an, bis sie glatt und dehnbar wird. Dieser Vorgang erfordert Kraft und Geduld, aber das Ergebnis ist es wert.

7. Falten Sie die zerstampfte Süßkartoffel immer wieder um, um eine gleichmäßige Konsistenz zu erreichen.

8. Servieren Sie die gestampfte Süßkartoffel heiß zur köstlichen Egusi-Suppe

Die köstliche Egusi-Suppe

Die Egusi-Suppe ist eine geschmackvolle und aromatische nigerianische Suppe aus gemahlenen Melonenkernen, verschiedenen Gemüsesorten und einer Auswahl an Fleisch oder Fisch. Für die Zubereitung von Egusi-Suppe gibt es zwei Methoden: die Bratmethode und die Kochmethode. Bei der Frittiermethode wird die gemahlene Melonenkernpaste dem Palmöl zugegeben, bevor die anderen Zutaten hinzugefügt werden. Bei der Kochmethode werden alle anderen Zutaten in das Palmöl gegeben, bevor die flüssige Mischung aus gemahlenen Melonenkernen und Wasser hinzugefügt wird. Um diese köstliche

Mahlzeit zu vervollständigen, sollten Sie Proteine Ihrer Wahl hinzufügen. Um diese köstliche Suppe zuzubereiten, gehen Sie wie folgt vor:

1. Sammeln Sie zunächst die erforderlichen Zutaten: gemahlene Egusi-Samen, Palmöl, verschiedene Fleisch- oder Fischsorten (z. B. Rind, Huhn oder Fisch), verschiedene Gemüsesorten (z. B. Bitterblatt oder Spinat), Zwiebeln, Flusskrebse, Brühwürfel und andere gewünschte Gewürze.

2. In einem großen Topf das Palmöl bei mittlerer Hitze erhitzen und die fein gehackten Zwiebeln hinzufügen. Anbraten, bis die Zwiebeln glasig werden.

3. Die verschiedenen Fleisch- oder Fischsorten in den Topf geben und braten, bis sie gut durchgebraten sind.

4. Die gehackten Flusskrebse und die Brühwürfel einstreuen, damit sie ihre Aromen in das Fleisch einbringen können.

5. Die gemahlenen Egusi-Samen in den Topf geben und dabei ständig rühren, damit sich keine Klumpen bilden.

6. Nach und nach Wasser in die Mischung einrühren, um die gewünschte Konsistenz zu erreichen, wobei darauf zu achten ist, dass sie nicht zu wässrig oder zu dick ist.

7. Den Topf abdecken und die Suppe etwa 20 – 30 Minuten köcheln lassen, damit sich die Aromen verbinden können.

8. Zum Schluss die verschiedenen Gemüsesorten hinzugeben und kochen lassen, bis sie weich sind.

9. Servieren Sie die köstliche Egusi-Suppe zusammen mit der zerstampften Süßkartoffel und genießen Sie die Mischung aus Aromen und Texturen.

Diese traditionelle Delikatesse befriedigt nicht nur die Geschmacksnerven, sondern bietet auch einen Einblick in das lebendige und vielfältige kulinarische Erbe Nigerias.

fr. Celestine Chukwubuikem Nwafocha

Genussvolles in Brasilien

Brasilien ist bekannt als ein Land der Extreme und Superlative. Schon wegen seiner Größe und Ausmaße – es ist größer als ganz Europa – ist es kaum regierbar. Das weiß jeder Politiker, aber kaum jemand würde es zugeben. So vielfältig wie Brasilien ist auch die Küche des Landes. Pater Jak Wasensteiner erinnert sich, was er dort als Missionar alles aufgetischt bekommen hat.

Einheimische Kenner des Landes, wie auch Soziologen (Geographen sowieso), sprechen von einem Erdteil; von der Größe her, so könnte man sagen, würde dann im Schnitt zum Beispiel Deutschland etwa einem brasilianischen Bundesstaat entsprechen. Obwohl selbige sehr unterschiedlich sind in ihrer Größe. Dies hat natürlich auch seinen Niederschlag in der Verschiedenheit der Gewohnheiten – gibt es doch auch einige

kulturelle Prinzipien bis hin zu Dogmen, die eben nicht verhandelbar sind, wie: Lasst uns teilen; Toleranz und Gläubigkeit; Fußball ist Religion; absolut lebensbejahender Charakter (Brasilianer sind immer zum Lachen aufgelegt); Jein (statt Nein, absolut deselegant!); kein Snack ohne Papierserviette…

Essen als Gemeinschaftserlebnis

Ähnlich vielfältig wie das ganze Land ist auch die Küche. Auf den ersten Blick könnte man meinen, eine brasilianische Esskultur existiert gar nicht. Beinahe an jeder Straßenecke in den dichter bewohnten, hauptsächlich südlicheren Regionen wie Rio de Janeiro oder Sao Paulo gibt es viele Fast-food-points (die USA sind fast überall irgendwie präsent). Obwohl Essen in der Vergangenheit kaum als ein individueller, privater Moment gedacht werden konnte! Vor allem das Abendessen (jantar) in Brasilien findet, wenn irgend möglich, in Gesellschaft mit anderen statt. Vor allem in den Städten trifft man sich dann so ab 19 Uhr zu einem langen, oft recht üppigen Mahl. Das ceia, ein später angesetztes Abendessen, hat eher schon festlichen Charakter. Dann werden auch die landestypischen Cocktails wie die batidas und der caipirinha serviert – stets auf der Basis des cachaça, dem charakteristischen Zuckerrohrschnaps, geshaked mit viel Eis, Rohrzucker und Limonen.

Das Essen beginnt beispielsweise mit einer Manioksuppe im Vorlauf und mündet dann bei größeren Menschenansammlungen in ein dargebotenes Meer an unterschiedlichsten Sandwichen, begleitet gerne von mannigfachen (vor allem Tomaten-) Salaten. Auch der heute weltbekannte churrasco findet oftmals im Rahmen eines abendlichen Events statt; es muss nicht immer ein Restaurant mit einer churrascaria (landestypischer Spezialgrill) sein. Heutzutage installieren sich oft Familien, private Kleinhaushalte, ihren Grillplatz irgendwo im Garten, einfach und wenig kostspielig mit ein paar rohen Ziegelsteinen aufeinander in mehr oder weniger großer Quadratform und einem daraufgelegten Rost über der Feuerstelle.

Das Entscheidende für den besonderen Geschmack sind die Gewürze, mit denen das Fleisch (von Rind, Schwein, Ziege, Huhn, Würste, auch mal mit frisch gefangenem Fisch oder Krokodil) frühzeitig eingerieben wird. Die gesündere Option eines churrascos ist jedoch in jedem Fall, ihn nicht zu nächtlicher Stunde, sondern als Mittagessen (almoßo) zu veranstalten. Dann gerne mit grünem Salat, Brot und selbstgebrautem Bier, wobei der caipirinha in der Regel nicht fehlt – schließlich wird er als das Nationalgetränk der BrasilianerInnen gehandelt. Das

almoßo wird in manchen Regionen bereits ab 11 Uhr serviert. Die typischen (und allerorts gewünschten) Renner sind die feijoada (Eintopf aus schwarzen Bohnen mit Fleischstücken vom gekochten Schwein) oder der Fischeintopf (sopa de peixe). In Regionen, wo die indianische (indigene) Kultur nicht völlig ausgerottet wurde – es gibt heute nur noch weniger wie eine Million Indios (Ureinwohner!) unter der 213-Millionen-Bevölkerung Brasiliens, zum Beispiel in der Amazonasregion – wird zur Begrüßung gerne eine schmackhafte Manioksuppe aufgetischt (caldo de manioca).

Der friedliche Mate-Tee

Eine besondere Erwähnung verdienen die kleinen Snacks zum cafezinho zwischendurch, so wie das pao de queijo, ein Brandmassegebäck aus Käse und Stärkepulver. Oder schon zum Frühstück – köstlich und meist süß (doces) – der cuzcuz, ähnlich einem süßen Pudding, aus tapioka oder Maismehl hergestellt, oder das doce de banana (Bananenmarmelade, im noch stark deutsch besiedelten Süden auch genannt: schmier). Dort kann man zur richtigen Jahreszeit sogar aufs october-fest gehen! Was wir auf keinen Fall unterschlagen dürfen, ist der chimarrao, der koffein- und leicht alkoholartige Mate-Tee, von den Ureinwohnern gerne genutzt und ähnlich wie die indianische Friedenspfeife bei Zusammenkünften herumgereicht.

P. Jak Wasensteiner

Köstliches auf Bananenblatt im Himalaya

Ich bin aus Erde gemacht – diese Erfahrung wurde Pater Markus Hau bei einem Festmahl in Indien bewusst. Die Einheimischen hatten das Essen für ihre Gäste mit viel Mühe und Zeit der Natur abgerungen.

Es war eine besondere Essenseinladung an einem Tag in einem Hochtal des Himalayas. Eingeladen von den Menschen des kleinen Dorfes Taji Farm. Eineinhalb Fahrstunden von Daporijo entfernt. Im nordöstlichen indischen Bundesstaat Arunachal Pradesh, nur 100 Kilometer von der chinesisch-tibetischen Grenze entfernt. Allein um nach Daporijo zu kommen, braucht es drei Tage im Jeep über Bergpisten und durch wilde Täler.

Nach Taji Farm brechen wir am frühen Morgen auf. Überqueren die alte eiserne Hängebrücke über den Subansirifluss und fahren die steilen Hänge ins Gebirge hoch. Nach kurviger Fahrt und einer letzten schmalen Hängebrücke sind wir in Taji Farm angelangt. Das weite Hochtal ist noch kühl, aber voller Sonne. Der breite Fluss zieht sich durch das Tal mit seinen Reisfeldern und den einfachen Hütten der Menschen, die sich an einen Hang drücken.

Sofort werden wir zum Fluss geführt. Von weitem sieht man schon fünf Männer in der Mitte des Flusses stehen. Frauen gehen mit Körben am Ufer entlang, wenden die Steine um und sammeln etwas ein. Wir werden eingeladen, am Ufer Platz zu nehmen. Friedlich ist es. Ich sitze in der Sonne und schaue den beiden Gruppen zu, die die ganze Zeit geschäftig im Wasser suchen.

Bambusrohr als Kochtopf

Ein Mann am Ufer schichtet Holz und schneidet ein großes Bambusrohr in Stücke. Aus Bambus ist alles, was die Menschen brauchen. Ihre Häuser werden aus dem breiten Bambus gebaut. Von den tragenden Stangen des Hauses, bis zu den geflochtenen Matten der Wände und den Matratzen für die Nacht – alles ist aus Bambus. Auch unser Essen wird im Bambusrohr gekocht.

Irgendwann vergesse ich die Zeit. Aus dem nahen Wald kommt eine Gruppe Kinder. Sie haben ganz jungen Farn gesammelt, dessen Blätter sich noch nicht entfaltet haben. Alles wird um die Feuerstelle auf große Bananenblätter gelegt. Mittlerweile brennt das Feuer und der Mann gießt Wasser in das Bambusrohr und füllt den braunen Reis hinein.

Die Frauen kommen. Stundenlang haben sie Stein um Stein umgedreht, um kleine Krebse und Krabben zu sammeln. Mühsam und kalt war ihre Arbeit. Kein Krebs ist größer als ein Daumennagel. Zwei, drei Händevoll. Wenig für die viele Zeit.

Auch die Männer bringen die Fische, die sie in den Reusen gefangen haben. Drei Tage lang waren Steine als Falle für die Fische aufgestellt. Stolz sind sie über die kleine Ausbeute. Es gibt keine großen Fische in dieser Höhe.

Die Fische zappeln noch

Alles wird lebendig zum kochenden Reis gegeben. Die Fische zappeln noch und versuchen dem kochenden Wasser zu entrinnen. Etwas Salz und ganz zum Schluss der Farn, bevor die Bambusrohre mit Bananenblättern verschlossen werden. Nur die größeren Fische werden auf Stöcken über dem offenen Feuer gebraten. Lustig ist es ums Feuer. Alle erzählen und lachen, schauen uns fremde Gäste an.

Und jetzt erst wird mir klar. Das alles ist für uns. Das ist ein Festmahl.

Nach einer halben Stunde wird eine Matte auf den Boden gelegt und wir allen sind eingeladen, auf der Matte Platz zu nehmen. Wir sitzen da und jeder von uns erhält ein Bananenblatt mit dem gekochten Reis. Man erkennt den Farn, die kleinen Krebse und Garnelen, den Fisch. Mit den Fingern essen wir – wie überall in Indien. Mit den Fingern schmeckt das Essen besser, haben mir die indischen Mitbrüder gesagt. Ich habe es schnell gelernt.

Wir gehören der Erde – daran erinnert uns die evangelische Theologin Dorothee Sölle. Ich bin aus Erde gemacht und lebe in Abhängigkeit von dieser Erde und den Menschen. Selten war mir das so bewusst wie an diesem Tag in Taji Farm. Die Mühe, der Erde eine Mahlzeit abzuringen, die Arbeit und die Freude, etwas zu essen zu haben. Meine Beschämung zu spüren. Ich, der alles immer im Überfluss hat. Dass wir der Erde gehören und abhängig sind von ihren Gaben. Die Freude der Menschen, mit mir ihr Festessen zu teilen.

P. Markus Hau

Zitrone und Datteln

Indisches Pickle von Pater Laban Nanduri

Zutaten

- Zitrone: 500 g
- Datteln: 300 g
- Ingwer: 100 g
- Knoblauch: 50 g
- Grünerchilli: 50 g
- Paprika Pullver: 20 g
- Kurkuma: 20 g
- Fenugreek: 30 g
- Rapsöl/Olivenöl: 30 ml
- Apfelessig: 30 ml
- Salz
- Senfkörner

Zubereitung

- Kochen Sie Zitronen in Wasser, bis sie halb gekocht sind
- Nach dem sie kühl werden, schneiden Sie die gekochten Zitronen in kleinere Würfel
- Schneiden Sie die Datteln, die grünen Chili, Knoblauch, Ingwer in kleinere Würfel getrennt
- Pulverisieren Sie Fenugreek
- Erhitzen das Öl in einem Topf
- Geben Sie Senfkörner in das Öl
- Nach ein paar Sekunden (50 – 60) geben Sie dazu die Würfel von grünem Chili, Knoblauch und Ingwer und kochen sie, bis sie leicht braun werden
- Reduzieren Sie Feuer auf ein Minimum und fügen Sie dazu Chilipulver und Kurkuma, Fenugreekpulver

- Nach ein paar Sekunden geben Sie Zitronen und Datteln hinzu
- Dazu noch Salz nach Ihrem Geschmack
- Geben Sie Apfelessig hinzu
- Rühren Sie 3 Minuten lange an
- Dann ist Zitronen und Datteln (Pickle) fertig

Der Weltenwanderer

Er kennt Indien und die Welt, er lebt seit Jahrzehnten in Stuttgart und unterrichtet an der Pallottiner-Hochschule in Vallendar. Dort gründete er auch das Walter Kasper Institut für Theologie, Ökumene und Spiritualität. Von dort hat der Pallottinerpater George Augustin ein weltweites Netz geknüpft, mit dem er vor allem eines will: den Glauben an Jesus Christus vertiefen und verbreiten. Dabei denkt Pater Augustin nicht nur interkulturell, sondern auch ökumenisch.

Pater George Augustin hat Kulturen, Länder und Religionen studiert und kennen gelernt. Und diese Begegnungen haben sein Denken geprägt. Der aus dem indischen Kerala stammende Theologe ist seit 1978 Pallottiner, lebte als Missionar unter den Ureinwohnern Indiens, promovierte dann 1985 bis 1992 in Deutschland, wurde Priesterseelsorger und Hochschulprofessor und gründete 2005 das Kardinal Walter Kasper Institut an der pallottinischen Vinzenz-Pallotti-University, wo er mit den Schriften Walter Kaspars Theologie, Ökumene und Spiritualität weltweit vernetzt.

Anfänge als Missionar

Ökumene und Interreligiosität ist George Augustin in die Wiege gelegt worden. Getauft ist er in einer orientalisch-katholischen Kirche nach dem syro-malabarischen Ritus. Als er neben Theologie auch noch Biologie studierte, lernte er dabei viele Hindus und Muslime kennen, die auch zu seiner Priesterweihe kamen. Als Missionar lebte er unter lateinischen Katholiken mit der indigenen Bevölkerung Nord-Ost-Indiens. Augustin sagt von seinem Land, dass es sehr spirituell ist. „Ob man Hindu ist oder Muslim oder Sikh oder Anhänger einer anderen Religion: Menschen leben ihre Religion als Verbindung zur Transzendenz. Diese Dimension ist wichtiger als das Soziale."

Folgerichtig sagt Augustin daher, dass ein Christentum, das sich auf sozial Nützliches beschränke, keine Zukunft habe. Zukunft habe nur ein ökumenisch gelebtes Christentum, das eine Leidenschaft für Gott ausstrahlt, nach dem Motto: Gott zuerst. Und dies gelte auch für den Weg in der Ökumene. „Gemeinsam das Evangelium entdecken, gemeinsam Gott anbeten und gemeinsam missionarisch Zeugnis geben für das Evangelium. Mit Christen, die geistlich diesen Weg vorangehen, werden die Kirchen auch ökumenisch eine gemeinsame Basis finden." Daher ist Augustin auch immer im Herzen Missionar geblieben, wenn er von der Gewissheit spricht, „dass unser christlicher Glaube schön ist und dass es sich lohnt, ihn weiterzugeben".

Dieses Weitergeben ist für den mit der Landwirtschaft aufgewachsenen George Augustin immer eine pragmatische Angelegenheit im hier und heute. Global denken, lokal handeln, diese Maxime hat er sich schon als Missionar in Nordindien zu eigen gemacht, wo er mit Zement und Eisenträgern hantierte und Baumaßnahmen für Schulgebäude beaufsichtigte.

Gott eint – Trennt Christus?

Nicht zuletzt seine Berührungen mit Hinduismus, Islam und Naturreligionen führten ihn zu einer Doktorarbeit, die am Ende den Titel trug: „Gott eint – Trennt Christus?", welche er bei dem damaligen Professor Walter Kasper begann, und sie abgab, als dieser schon Bischof von Rottenburg-Stuttgart war. Denn Jesus Christus ist für Augustin das Zentrum seines Denkens, und er wollte zeigen, dass die Einzigartigkeit Jesu Christi die Grundlage einer christlichen Religionstheologie sein müsse.

Damit widersprach er dem Ansatz, dass der Gottesgedanke die Menschheit eine, der Glaube an Christus aber die Menschen trenne. Der Glaube, dass Gott in Jesus die Menschen annimmt, heilt und erlöst, ist für ihn „keine Herabsetzung anderer Religionen, sondern die Weitergabe eines Geschenks". Diese Botschaft weiterzusagen ist für Augustin eine Tat der Nächstenliebe. Mit Überzeugung sagt er heute noch vor diesem Hintergrund: „Alle Menschen sind Kinder Gottes. Es gibt nur einen Gott und eine Menschheit."

Was dies heißt, das dekliniert Augustin, der auch Konsultor der Kleruskongregation und Mitglied im Internationalen Rat für Katechese ist, auch in seinem neuen Buch „Gott zuerst" durch – ein Gespräch über sein Leben und seinen Glauben. Er zeigt, dass Kirche keine Organisationseinheit sein soll, sondern aus Menschen bestehen solle, die Gott ausstrahlen – als Menschen unter Menschen, wie es Vinzenz Pallotti vorgelebt hat. daher sagt er auch: „Kirche sind wir alle. Jeder Mensch, der mit Gott verbunden lebt, das ist für mich Kirche."

Alexander Schweda

„Fremde sind Freunde,
die sich noch nicht kennen"

Beate Antonie Tröster

ich klopfe an
der geruch der speisen
heißt mich willkommen
ich trete ein
in die welt deiner seele
deine herzlichkeit
erfüllt mich mit licht
gemeinsam
und ehrfürchtig
halten wir mahl
und preisen gott
wir feiern das leben
und schenken uns
vielfalt und liebe

Michael Lehmler

Lebendige Beziehung

Essen ist ja nicht allein Nahrungsaufnahme, die für den Menschen unerlässlich ist, damit er nicht verhungert. Essen ist immer auch ein soziales Geschehen und hat, seit es Menschen gibt, etwas mit Beziehung und Miteinander zu tun.

Wer isst schon gerne allein? Manche müssen das. Etwa im Alter, wenn die Familie nicht mehr im Haus ist, wenn die Partnerin, der Partner verstorben ist. Da darf man sich nicht vernachlässigen, sonst geht viel Lebensqualität kaputt. Es braucht feste Zeiten und Riten wie früher, etwa der schön gedeckte Tisch, damit die Mahlzeit ihren Rundum-Effekt hat: nicht allein Zufuhr von „Lebensmitteln", damit man am Leben bleibt, sondern auch Nahrung für das Menschsein, für die Seele.

Leib, Seele, Herz sind eins. Gäbe es sonst das geflügelte Wort, dass Liebe durch den Magen geht? Womit wir wieder beim Miteinander sind, bei einem ganz exklusiven. Denn hier geht es um Zweierbeziehung. Ob verliebt, verlobt, verheiratet, befreundet, wie schön ist es, zusammen essen zu gehen, oder daheim zu kochen und gemeinsam zu essen: Das ist Ausdruck von Beziehung und stärkt die Beziehung. Man setzt sich nicht gerne mit jedem x-beliebigen Menschen zu Tisch.

Tischgemeinschaft ist immer etwas Besonderes und Persönliches. In einem Heim, einer Reha, während einer Gruppenreise oder bei einer Feier einen Platz und eine Tischgemeinschaft zugewiesen zu bekommen, ist daher immer eine Herausforderung, ein Wagnis. Es kann zum überraschenden Wohlfühl-Moment werden; kann daneben gehen.

„…, dass sie die Menschen fröhlicher machen."

Stichwort Tischgemeinschaft. Das Wort und das Erlebnis sagen: Wir gehören zusammen! Da ist eine innere Verbindung in der Gemeinschaft bei Speis und Trank. Das wussten schon die Alten. Wir kennen wunderbare Berichte über die Tischgemeinschaften im antiken Griechenland oder die Tafelrunden des Mittelalters in unseren Breiten. Berühmt und gut dokumentiert sind die Gastessen im Hause Martin Luthers. Es war eine große Ehre, dazu eingeladen zu sein. Für den Reformator galt: „Gastmähler sollen dazu dienen, dass sie die Menschen fröhlicher machen und nach Traurigkeit das Gemüt wieder erquicken".

Das gilt bis heute. Da kommt es eben nicht allein darauf an, was in Schüsseln und Kannen, auf Platten und Schalen gereicht wird, es kommt viel darauf an, wer mit am Tisch sitzt. Und wenn es eine geladene Runde ist, wie schnell entsteht die Frage: Warum ist die oder der nicht dabei? Wie oft hat es da schon Enttäuschung und Verletzung gegeben? Oder den Schmerz, nicht gefragt zu sein.

Hier ist nicht der Ort, auch über Tischmanieren nachzudenken oder über die Art und Weise, wie Familien gemeinsam essen (sollten). Es macht sicher einen Unterschied, ob Kinder mit Cola und Chips allein vor dem Fernseher oder der Spielkonsole sitzen oder ob sie gemeinsam mit Eltern und Geschwistern, vielleicht noch der Oma und dem Opa am Familientisch sitzen – dem schön gedeckten im Esszimmer oder dem schlicht hergerichteten Küchentisch.

Eine als wohltuend erfahrene Tischgemeinschaft braucht nicht unbedingt die Stoffserviette oder die Untertasse, es braucht das Gespräch, das tiefe Gefühl, zueinander zu gehören. Dann ist es kein zu großes Unglück, wenn heute mal die Nüsse für das Müsli fehlen. Und ob die Lieblingsspeise schmeckt, hängt auch von der Laune des Tischnachbarn ab.

Vom Arbeitsessen und Herrenmahl

Zurück zu den Gastmählern der Antike. Bei manchen dieser Mähler ging es nicht allein um gutes Essen, um gepflegte Freundschaft, sondern auch um Wissensvermittlung, Belehrung der Generationen, auch um das Schmieden von Plänen. Diese „Bildungs-Mähler" Griechenlands spiegeln sich übrigens stark wider in den Erzählungen der Bibel, besonders im Neuen Testament. Jesus kommt in seinen Gleichnissen oft auf Gastmähler zu sprechen, blickt auf das himmlische Hochzeitsmahl, und nimmt selbst die eine oder andere Begebenheit bei einem Mahl zum Anlass, eine „Lehre" daraus zu ziehen und sie an seine Jüngerinnen und Jünger weiterzugeben.

Das berühmteste Mahl der Bibel, das bis heute weiterlebt, ist das Letzte Abendmahl, das Herrenmahl, die Eucharistie, die Jesus den Seinen als Vermächtnis mit durch die Geschichte gegeben hat. Gerade hier wird klar, was immer vom gemeinsamen Mahl gilt: dass es letztlich nicht um Brot und Wein geht, sondern um lebendige Beziehung, um erlebte Freundschaft, um tief gespürtes Leben!

P. Alexander Holzbach

Nsima und Regionales Huhn

Malawisches Rezept von Pater Ignacio Chiphiko

Nsima

Zutaten:

Maismehl (Mehl): je nach Anzahl der Personen
- 5 Tassen Wasser oder mehr

Schritte:
1. Erhitzen Sie 5 Tassen Wasser in einem Topf, bis es warm ist
2. Geben Sie langsam 1 Tasse Maismehl in das Wasser und rühren Sie dabei ständig mit einem Holzlöffel um, bis sich ein Brei bildet und die Mischung zu kochen beginnt
3. Zugedeckt 10-15 Minuten köcheln lassen, dabei gelegentlich umrühren
4. Den Deckel abnehmen, nach und nach 1 bis 2 weitere Tassen Maisgrieß zugeben, Klumpen flachdrücken und unter ständigem Rühren etwa 5 Minuten lang köcheln lassen
5. Den dicken Brei mit einem Löffel zu mehreren Patties formen, die jeweils etwa die Größe eines Hockey-Pucks haben.

Mit dem Hühner- oder Rindfleisch oder einem Gericht Ihrer Wahl servieren

Das können Sie sich auch ansehen:
https://www.youtube.com/watch?v=OEiILhZH1Ew

Freiland- oder regionales Huhn

Zutaten:

Ein ganzes, frisches, einheimisches Huhn
1/2 Esslöffel Rohsalz
2 geriebene Tomaten
2 frische Frühlingszwiebeln

Schritte:

1. Schneiden Sie das Huhn in Stücke
2. Das Hähnchen abspülen, um Verunreinigungen zu entfernen
3. Die Hähnchenteile in den Topf geben (noch kein Wasser hinzufügen, das Hähnchen hat bereits Wasser, lassen Sie es mit seinem Wasser kochen)
4. Salz hinzugeben
5. Während sich das Wasser reduziert, können Sie ein wenig Wasser hinzufügen (das Hähnchen soll weicher werden und muss noch ein bisschen kochen) – (hier kann man das Huhn im selben Topf anbraten, nachdem man etwas Speiseöl hinzugefügt hat)
6. Die geriebenen Tomaten hinzufügen und etwa 10 Minuten schmoren lassen
7. Ein wenig Wasser hinzufügen
8. Die frischen Frühlingszwiebeln hinzufügen und etwa 5 Minuten schmoren

IHR HÄHNCHEN IST FERTIG

NB: Keine Gewürze hinzufügen, damit das Hähnchenaroma erhalten bleibt

Essen Sie es mit Nsima

Einkehr bei Winzern

Die Vermieterin unserer Ferienwohnung in Norditalien macht uns aufmerksam: Es gäbe eine Wanderung durch Weingärten und Weinberge und immer wieder eine kurze Einkehr bei den Winzern des Ortes.

Wir sagen zu und finden uns ein in einer Wandergruppe mit einem Führer, der sich auf Englisch zwischendurch fürsorglich erkundigt, wie es uns geht. Es ist ein Ereignis für die Einheimischen aus dem Ort, wir fallen auf!

Auf dem Weg zwischen Weinstöcken hindurch ergeben sich kleine Gespräche – mit unserem schmalen Italienisch, deren begrenztem Englisch, mit viel Geste und Lächeln: Gefällt es Ihnen bei uns? Wo kommen Sie her? Wie lange bleiben Sie? Und wir fragen nach, was unsere Weggefährtinnen bewegt.

Und dann die Einkehr! Im Hof der Winzereien stehen Tische und, wer will, kann einen Wein versuchen, der auch vorgestellt wird. Es gibt einen kleinen Imbiss, ein Brötchen mit feinem Belag oder ein Schälchen mit Risotto. Alle stehen beieinander, essen, genießen und plaudern in warmer Herbstsonne.

Wir dürfen für einige Stunden in gastfreundlicher Atmosphäre Land und Leute erleben!

Claudia Nietsch-Ochs

Pizza, Pasta oder was?

Ich erinnere mich an den Italienisch-Kurs vor sehr langer Zeit. Die Lehrerin lächelte und fragte in die Runde ihrer Schüler: „Was ist das italienische Nationalgericht?" „Pizza!" schrien die einen, „Pasta!" die anderen. Bingo! Falscher konnten die Antworten nicht sein. Die junge Lehrerin schmunzelte belustigt.

Nein, Pizza und Pasta gibt es in Italien, aber diese beiden Gerichte sind garantiert nicht die Hauptspeise der Italiener. Pizza ist ein Snack oder ein unkompliziertes Essen auswärts. Pasta gehört zu dem „primo piatto", dem „ersten Gericht" eines Menüs. Zuvor gibt es noch Vorspeisen, die „antipasti". Der Tradition nach besteht ein italienisches Essen aus mehreren Gängen: Vorspeise („antipasto"), „il primo" (der erste Gang, üblicherweise ein Nudel- oder Reisgericht) und erst dann „il secondo", der Hauptgang, der aus Fleisch oder Fisch besteht. Den Schluss machen Obst oder/und Käse („frutta" / „formaggio"), eher seltener Mehl- oder Süßspeisen.

Ein Teller Nudeln ist also nicht wie bei uns ein Hauptgericht, sondern der Kohlenhydratträger bevor Fleisch oder Fisch auf den Tisch kommen. In Italien ist das Nudelgericht auch kleiner, weil eben noch einiges anderes kommt.

Kuchen heißt in Italien „torta", ist aber keine „Torte" in unserem Sinn – mit Füllung und Mordsdeko. Eine „torta" wird üblicherweise mit süßen Weißwein oder Sekt gegessen, nicht mit Kaffee wie bei uns. Kaffee trinkt man zum Frühstück, nach dem Essen einen Espresso (Plural „espressi"). Danach ist noch Grappa oder Cognac möglich. Zu jedem Essen gehört immer ein Körbchen mit Brot.

Wurzeln in der Antike

Die Wurzeln der italienischen Küche gehen auf das 4. Jahrhundert v. Chr. zurück. Sie wurde von der etruskischen, der altgriechischen, der altrömischen, der byzantinischen, der jüdischen sowie der arabischen Küche beeinflusst. Kulinarische Bereicherung erfuhr die Küche in Italien nach der Kolonisierung Amerikas mit der Einführung von neuen Zutaten wie Kartoffeln, Paprikaschoten und Tomaten.

Wie in vielen anderen Ländern auch, gibt es in Italien starke regionale Unterschiede, und das nicht nur auf dem Speiseplan. Unterschiedliche klimatische und geographische Gegebenheiten brachten unterschiedliche Gerichte auf den Tisch. Da Italien weitläufig vom Meer umgeben ist, kommen Fisch und Meerestiere gern auf den Teller. Bergige Regionen kennen deftige Speisen, die im Winter den Magen wärmen. Wälder bieten Pilze und Wild, sonnige Hügel köstlichen Wein. Die wechselvolle Geschichte Italiens hat dafür gesorgt, dass die einzelnen Regionen – nicht selten auch einzelne Städte und Orte – ganz verschiedene kulinarische Spezialitäten hervorgebracht haben. Südtirol zum Beispiel erinnert mit Knödeln, Bier und Speck an den Einfluss der österreichischen Herrschaft.

Die traditionelle italienische Küche zählt auf Qualität der Zutaten, nicht auf komplizierte Rezepte. In einem Land der Sonne gilt vor allem Gemüse als eine der Hauptzutaten, dazu frische Kräuter und Aromen. Kartoffeln gelten als Gemüse. Die Rezepte wurden von Generation zu Generation erhalten. Diese „cucina casalinga" (Hausmannskost) wirbt mit Authentizität und Tradition der eher einfachen Bevölkerung.

Essen ist zum Genießen da

Spätestens seit ich einen Italiener geheiratet habe, wurde mir die Bedeutung des Essens für diese Nationalität klar: Die meisten Italiener haben noch immer ein Verständnis von Essen, das in Mitteleuropa weitgehend fehlt. Sie legen sehr viel Wert darauf, sie betrachten Essen nicht als „Sattmacher", sondern möchten es genießen. Sie verbringen viel Zeit beim Essen. Nicht ohne Grund stammt die Slow-Food-Bewegung aus Italien. Italienische Hochzeiten sind ein Futter-Marathon und für meine Begriffe schon überbordend. Nach der Brautmesse zieht die ganze Festgesellschaft in ein Lokal und futtert sich stundenlang durch das Menü.

Italienische Restaurants sind auch außerhalb Italiens allgegenwärtig. Diese Entwicklung hat aber unter anderem dazu geführt, dass aus Rücksicht auf den lokalen Geschmack eine Anpassung an die örtlichen Essgewohnheiten stattgefunden hat, die zur Verfälschung der traditionellen italienischen Küche geführt hat. Todsünden in der ansonsten herrlichen italienischen Küche werden von angepassten Köchen begangen, die sich nach dem „Wissen" und Wollen der Nicht-Italiener richten. Sahne in „spaghetti carbonara", Öl in die kochenden Nudeln, Nudeln als Beilage zu Fleisch oder Fisch, Parmesan auf Pasta mit Fisch oder Meeresfrüchten, Ertränken der Nudeln mit Soße, Soße extra auf den Tisch, Sahne ins Tiramisu, Trinken von Cappuccino nach dem Essen. Es gibt sicher noch mehr „Todsünden". Ich bin allerdings pragmatisch, jeder soll essen, wie er will.

Vera Novelli

Sonne spendest du und Regen,
gibst uns Heimat, Brot und Dach,
und auf allen unsern Wegen
gehn uns deine Augen nach.
Alles kommt aus deinen Händen;
alles lebt, weil du es willst;
alle unsre Not muß enden,
alles Leid, weil du es stillst.

Raum für Begegnungen schaffen

Interkulturalität – das hat ganz viel mit Katholisch-Sein zu tun. Heißt „katholisch" doch übersetzt „allumfassend". Und eine Provinz wie die der Pallottiner, die neben Deutschland, Österreich, Spanien und Kroatien auch Länder in Afrika wie Nigeria, Malawi und Südafrika umfasst, hat allen Grund, sich allumfassend aufzustellen und Raum für Begegnungen zu schaffen.

Im Provinzialat der Pallottiner im bayerischen Friedberg gibt es seit 2021 eine Wohngemeinschaft von jungen Pallottinern aus verschiedenen afrikanischen Ländern und aus Indien, die ihre Woche gemeinsam gestalten und Deutsch lernen. Seit 2022 existiert an der Vinzenz Pallotti University in Vallendar am Rhein eine „Interkulturelle Kommunität" mit pallottinischen Studenten aus aller Welt.

Die jungen Pallottiner leben und studieren miteinander. Die Hochschule bietet einen Raum für die intensivierte Begegnung verschiedener Kulturen und einen Freiraum, die sich daraus ergebenden Herausforderungen christlicher Pluralität und weltanschaulicher Unterschiede angemessen zu reflektieren. Theologie, Diakonie oder Seelsorge können mit dem Erfahrungshintergrund der Studierenden im Kontext der weltweiten Kirche beleuchtet werden. Die Interkulturelle Kommunität versteht sich als Kompetenzzentrum für Interkulturelle Theologie, Diakonie und Kommunikation.

Unsere Pallottiner-Provinz ist derzeit in acht Ländern auf zwei Kontinenten beheimatet und umfasst mehr als 10 Muttersprachen. Hinzu kommt unsere historisch gewachsene Nähe zu vielen Ländern wie Kanada, Australien, Indien oder Brasilien. Vor der Gründung verschiedener Provinzen saßen die ersten Weggefährten gemeinsam mit dem heiligen Vinzenz Pallotti an einem Tisch und sprachen Französisch, Englisch, Italienisch oder Deutsch. Wir sind also international verwurzelt, aber sind wir auch interkulturell? Und warum ist diese Frage wichtig?

Einladende Kirche sein

Interkulturelle Kompetenzen werden für die Gestaltung des Lebens in pluralen, interkulturellen Gesellschaften mehr denn je benötigt. Interkulturelle Gesprächsfähigkeit wird in unserer weltweiten pallottinischen Gemeinschaft und unserer international verwurzelten Kirche immer wichtiger. Interkulturalität ist der Normalfall in Orden, Verbänden oder Kirchengemeinden. Eine einladende Kirche öffnet sich interkulturell und interreligiös, und positioniert sich gegen Unter-drückung, postkoloniale Bestrebungen oder Rassismus. Eine einladende Kirche stellt sich den Themen Interkulturalität, Migration und Synodalität.

Gemeinsam Kirche und Gesellschaft gestalten – weltweit

Von den 1,3 Milliarden Katholikinnen und Katholiken leben etwa 48 Prozent in Amerika, rund 21 Prozent in Europa, etwa 19 Prozent in Afrika und 11 Prozent in Asien. Zurzeit arbeiten Pallottiner auf allen fünf Kontinenten, in mehr als 40 Ländern der Welt. Die zahlenmäßig größten Gemeinschaften befinden sich in Polen, Deutschland, Brasilien, Indien und in verschiedenen afrikanischen Ländern. Der Begriff „katholisch" stammt aus dem Griechischen und bedeutet „allumfassend" oder „universell" – unsere pallottinische Gemeinschaft versteht sich in diesem Sinne als „katholisch".

Insgesamt machen wir Katholiken etwas weniger als 18 Prozent der Gesamtbevölkerung aus. In unserem Engagement für Gerechtigkeit und Frieden und die Bewahrung der Schöpfung sind wir auf die restlichen 82 Prozent der Weltbevölkerung angewiesen. Deshalb spielen die Ökumene und der interreligiöse Dialog für uns eine sehr große Rolle. Rund ein Viertel der Bevölkerung Deutschlands und Österreichs hat einen Migrationshintergrund, also familiäre Wurzeln im Ausland. Das ist für das Leben in allen europäischen Kirchengemeinden bedeutend und allein deshalb schon eine aufmerksame gesellschaftliche Betrachtung wert.

Alexander Schweda

Über die Sorge für das gemeinsame Haus

Aus der Enzyklika Laudato si von Papst Franziskus

„Ich lade dringlich zu einem neuen Dialog ein über die Art und Weise, wie wir die Zukunft unseres Planeten gestalten. Wir brauchen ein Gespräch, das uns alle zusammenführt, denn die Herausforderung der Umweltsituation, die wir erleben, und ihre menschlichen Wurzeln interessieren und betreffen uns alle. (…) Wir brauchen eine neue universale Solidarität. Wie die Bischöfe Südafrikas sagten, „bedarf es der Talente und des Engagements aller, um den durch den menschlichen Missbrauch der Schöpfung Gottes angerichteten Schaden wieder gutzumachen" Alle können wir als Werkzeuge Gottes an der Bewahrung der Schöpfung mitarbeiten, ein jeder von seiner Kultur, seiner Erfahrung, seinen Initiativen und seinen Fähigkeiten aus."

Ein starkes Zeichen der Dankbarkeit

„Du lieber Gott, das jetzt auch noch!" Ein kleines Kreuz auf dem noch unversehrten Brot verzögert das Anschneiden und das Abendessen. Mitbrüder sind manchmal sehr hungrig und ungeduldig. „Ja, das jetzt auch noch …! So viel Zeit muss sein!", ist die stille Antwort in meinem Herzen.

Die Segnung des Brotes habe ich von meiner Großmutter und meiner Mutter übernommen. Jedes frische Brot wurde von ihnen vor dem Anschneiden umgedreht, ein leiser Segen gesprochen und mit dem Messer oder mit der Hand ein Kreuzzeichen gemacht. Meine Großmutter musste nach dem Krieg allein vier Kinder durchbringen.

Lebensmittel sind etwas äußerst Wertvolles, das niemals verschwendet werden darf. Der Segen über die Grundnahrung, das Brot, zeigt Respekt und Dankbarkeit vor dem Schöpfer und seiner Sorge für uns. Heute ist es kein Problem mehr in Deutschland, Österreich und Europa, ein Brot zu bekommen. In anderen Regionen der Welt sieht das schon anders aus.

Schon im Alten Testament kommt dem Brot eine zentrale Rolle zu und im Neuen Testament wird dies noch gesteigert. Der jüdische Brotsegen hat seinen zentralen Platz bis heute in aller christlicher Überlieferung und Liturgie. Von diesem alttestamentlichen Brotsegen abgeleitet, gibt es den Segen bei Juden, Christen und Muslimen.

Brot ist fester Bestandteil der Küche

Heute gibt es bei uns eine riesige Menüauswahl. Doch überall ist das Brot als fester Bestandteil verankert. Es ist und bleibt ein Grundnahrungsmittel. Und viele deutsche Mitbrüder, die aus dem Ausland zurückkommen, freuen sich – mit am meisten – wieder auf deutsches Brot und verschiedene Sorten.

Das Brauchtum, Brot und Salz zu übergeben, hat sich bis heute in vielen Regionen erhalten. Beides zählt nicht als Selbstverständlichkeit, sondern als Geschenk des Himmels. In früheren Jahrhunderten sogar als Luxus. Beides war aber dennoch in allen Haushalten vonnöten. Sie symbolisieren Gemeinschaft, Wohlergehen und Sesshaftigkeit. Das alles wünscht man jungen Brautleuten und Menschen, die ein neues Heim beziehen.

Die Wertschätzung für das Brot hat in unserer Zeit ein bisschen nachgelassen. Die Mühe der Aussaat und Ernte steht nicht mehr so im Vordergrund, der Prozess der Herstellung wird kaum noch erlebt. Auch die Frage nach dem Ertrag der Ernten oder Missernten ist in den Hintergrund gerückt. Doch die zentrale Rolle des Brotes ist erhalten geblieben. So ist und bleibt es selbstverständlich, dass ich mir Gottes Segen, seinen Zuspruch, seine Begleitung, sein Wohlwollen zum Verzehr dieses Brotes weiterhin gönne.

„Du lieber Gott!" Ja, der liebe Gott… er spricht mir seine Liebe zu, wie es der Heilige Vinzenz Pallotti sagen würde. Und für mich ist klar, dass der Moment der Verzögerung vor dem Anschneiden des Brotes bleiben wird. Den Segen Gottes auf das Brot, die Menschen, die es essen und unser Leben zu bitten, das ist es sehr wohl wert, fünf Sekunden länger auf das Abendessen zu warten. Denn länger braucht es nicht.

P. Rainer Schneiders

„Unsere Fähigkeit,
Einheit in der Vielfalt
zu erreichen,
wird die Schönheit
und der Test
unserer Zivilisation sein."

Mahatma Gandhi

Dieser Titel ist auch als eBook erhältlich

ISBN 978-3-87614-155-8

Sie finden uns im Internet unter www.pallotti-verlag.de

Bildnachweise: Lisa Bahnmüller (Titel), Pallottiner (S. 2, 9), Cristina Conti/AdobeStock (S. 4), Cornelia Kalkhoff/AdobeStock (S. 6), Shoithi/AdobeStock (S. 10), Anneke/AdobeStock (S. 15), Herma Brandenburger (S. 18), Br. Celestine Nwafocha (S. 23), lcrribeiro33/AdobeStock (S. 26), P. Markus Hau (S. 31), LimeSky/AdobeStock (S. 32), Rudolf Baier (S. 37, 48), ArtSys/Adobe Stock (S. 38), terranova_17/AdobeStock (S. 40), Lisa Bahnmüller (S. 44), ivanbruno/AdobeStock (S. 47), Mehmet/AdobeStock (S. 53), by-studio/AdobeStock (S. 54), lucky-photo/AdobeStock8 S. 59), ji_images/AdobeStock (S. 60), nadun/AdobeStock (S. 62)

Bibliografische Informationen der Deutschen Nationalbibliothek
Die Deutsche Nationalbibliothek verzeichnet diese Publikation in der Deutschen Nationalbibliografie; detaillierte bibliografische Daten sind im Internet über http://dnb.d-nb.de abrufbar.

Klimaneutral gedruckt auf umweltschonend produziertem Papier – ein kleiner Beitrag zur Bewahrung der Schöpfung

Printed in Germany

ISBN 978-3-87614-154-1 (Print)

Verlag: © Pallotti Verlag 2024
                      86316 Friedberg (Bay.)

Gesamtherstellung: FRIENDS Menschen Marken Medien
                      Zeuggasse 7–9, 86150 Augsburg
                      www.friends.ag